歷代拓本精華

九成宮醴泉銘

何海林 編

上海辭書出版社

九成宮醴泉銘秘書監檢校侍中鉅鹿郡公臣魏徵奉敕撰

維貞觀六年孟夏之月皇帝避暑乎九成之宮此則隋之仁壽宮也冠山抗殿絕

鑿爲池跨水架楹分巖竦闕高閣周建長廊四起棟宇膠葛臺榭參差仰視則迢遰

百尋下臨則崢嶸千仞珠壁交暎金碧相暉照灼雲霞蔽虧日月觀其移山回澗窮

泰極侈以人從欲良足深尤至於炎景流金無鬱蒸之氣微風徐動有凄清之涼信

安體之佳所誠養神之勝地漢之甘泉不能尚也皇帝爰在弱冠經營

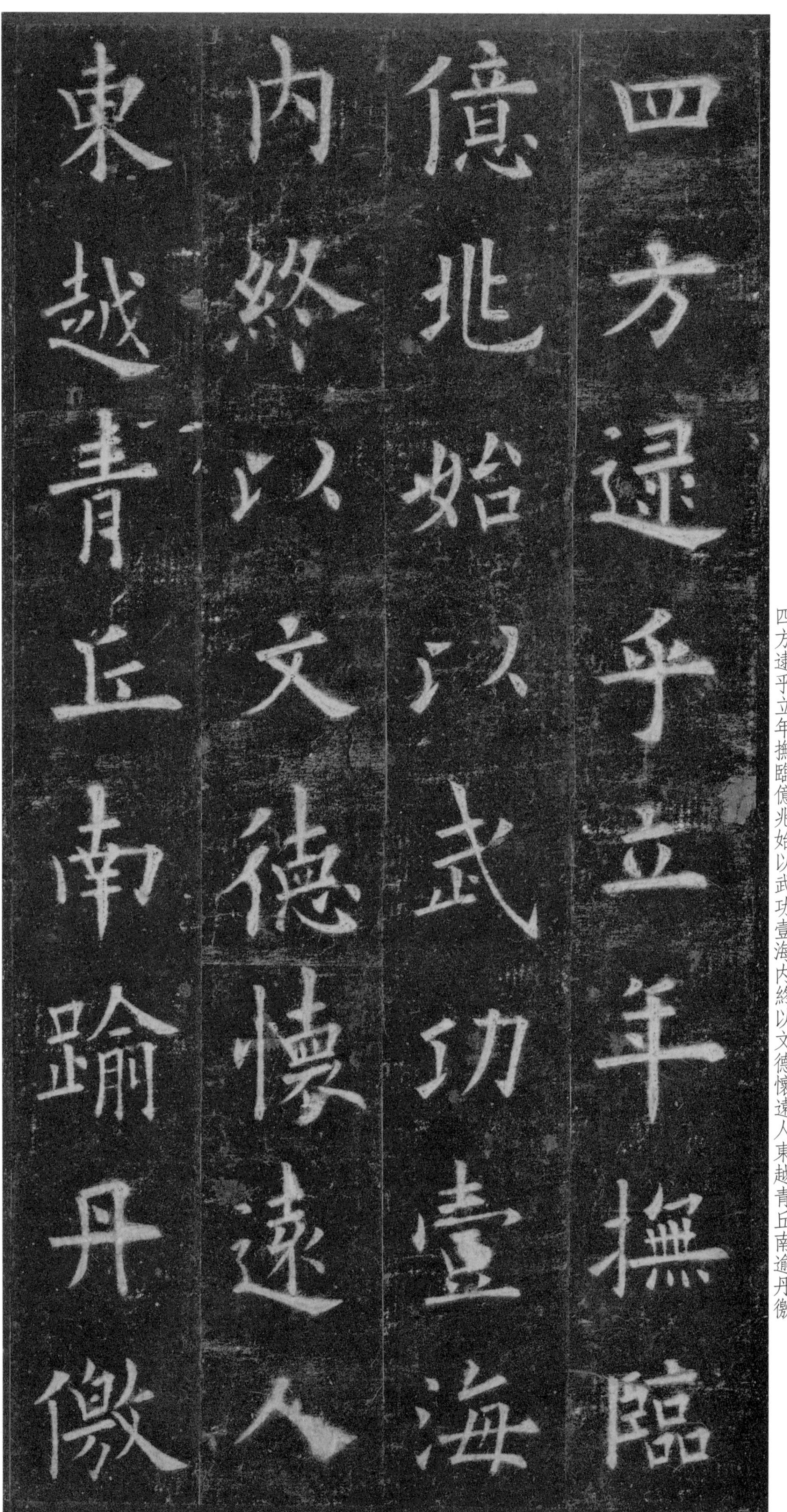

四方逮平立年撫臨億兆始以武功壹海内終以文德懷遠人東越青丘南逾丹徼

皆獻琛奉贄重譯來王西暨輪臺北拒玄闕并地列州縣人充編户氣淑年和邇安

遠肅群生咸遂靈既畢臻雖藉二儀之功終資一人之慮遺身利物櫛風沐雨百

爲心憂勞成疾同堯肌之如腊甚禹足之胼胝針石屢加腠理猶滯爰居京室每

姓爲心憂勞成疾同堯肌之如腊甚禹足之胼胝針石屢加腠理猶滯爰居京室每

弊炎暑群下請建離宫庶可怡神養性聖上愛一夫之力惜十家之産深閉固拒

未肯俯從以爲隋氏舊宫營于曩代弃之則可惜毁之則重勞事貴因循何必改作

於是斲彫爲樸損之又損去其泰甚葺其頹壞雜丹墀以沙礫間粉壁以塗泥玉砌

于是斫彫爲樸損之又損去其泰甚葺其頽壞雜丹墀以沙礫間粉壁以塗泥玉砌

接於土階茅茨續於瓊室仰觀壯麗可作鑒於既往俯察卑儉足垂訓於後昆此所

謂至人無爲大聖不作彼竭其力我享其功者也然昔之池沼咸引谷澗宮城之内

本乏水源求而無之在乎一物既非人力所致聖心懷之不忘粤以四月甲申朔

旬有六日己亥上及中宫歷覽臺觀閑步西城之陰躊躇高閣之下俯察厥土微

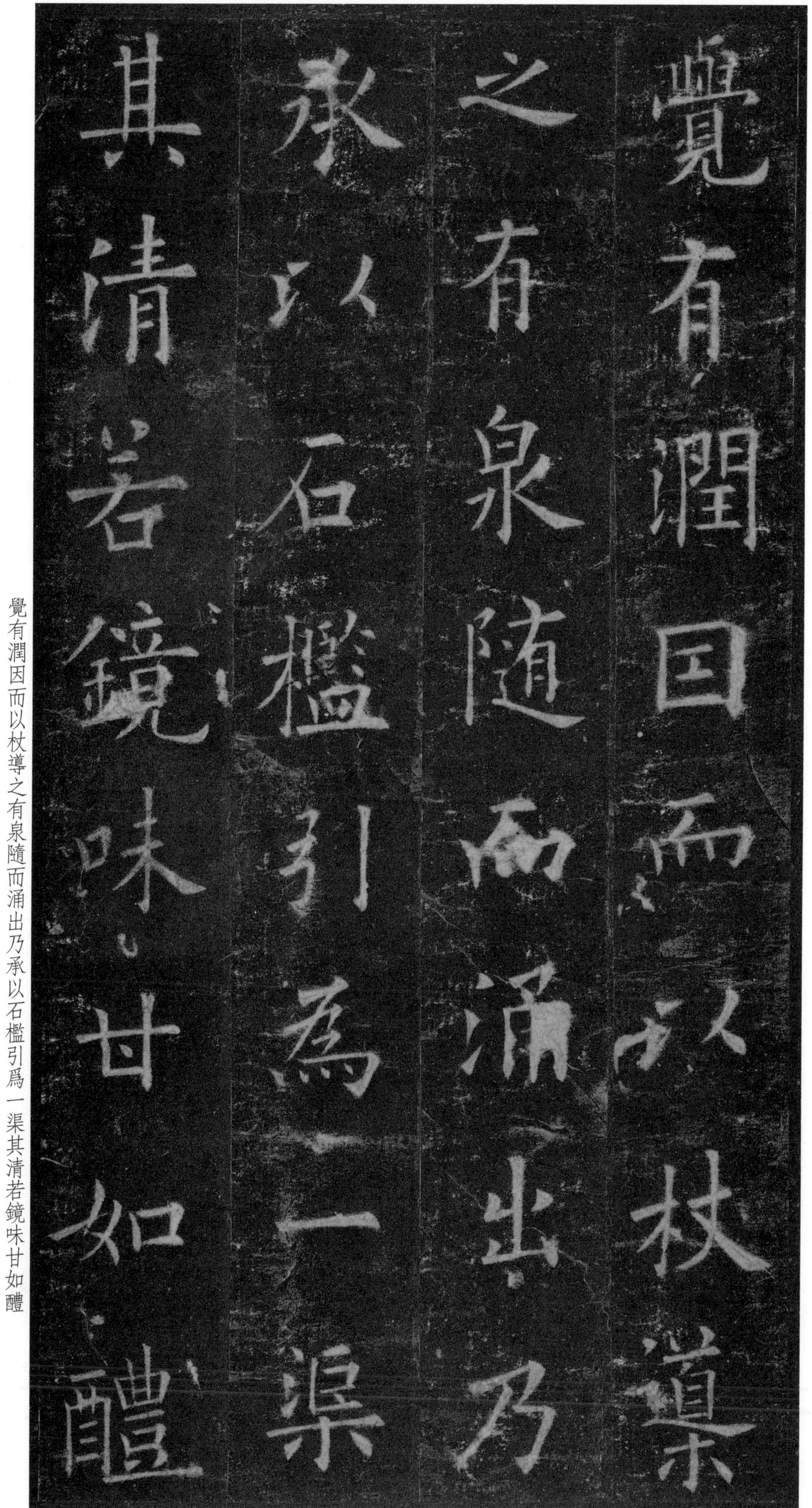

覺有潤因而以杖導之有泉隨而涌出乃承以石檻引爲一渠其清若鏡味甘如醴

南注丹霄之右東流度於雙闕貫穿青瑣縈帶紫房激揚清波滌蕩瑕穢可以導養

正性可以澂瑩心神鑒暎群形潤生萬物同湛恩之不竭將玄澤之常流匪唯乾象

之精蓋亦坤靈之寶謹案禮緯云王者刑殺當罪賞錫當功得禮之宜則醴泉出於

闕庭鶡冠子曰聖人之德上及太清下及太寧中及萬靈則醴泉出瑞應圖曰王者

純和飲食不貢獻則醴泉出飲之令人壽東觀漢記曰光武中元元年醴泉出京師

飲之者痼疾皆愈然則神物之來寔扶明聖既可蠲兹沉痼又將延彼遐齡是以

百辟卿士相趍動色我后固懷撝挹推而弗有雖休勿休不徒聞於往昔以祥爲懼

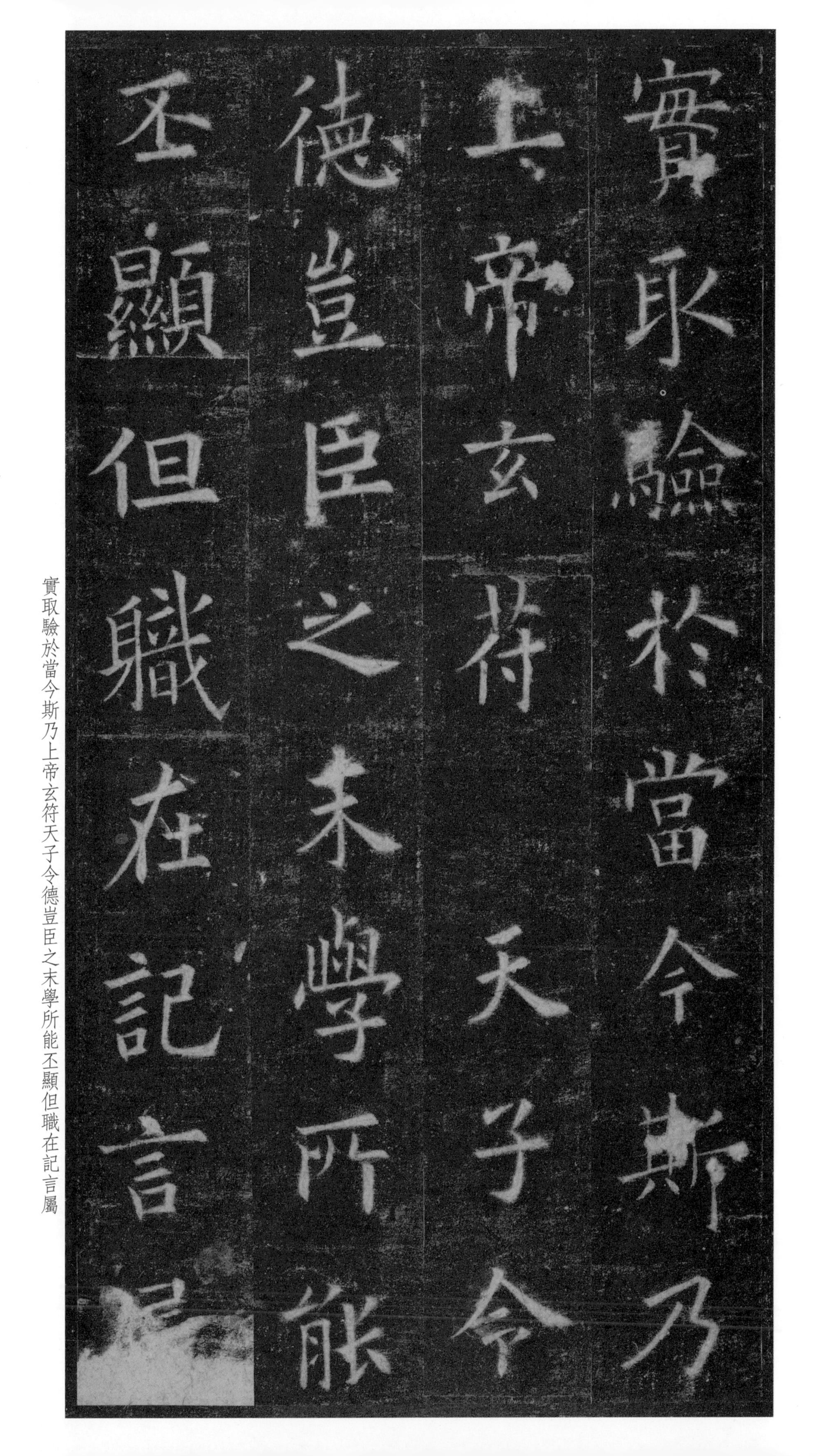

實取驗於當今斯乃上帝玄符天子令德豈臣之末學所能丕顯但職在記言屬

茲書事不可使國之盛美有遺典策敢陳實録爰勒斯銘其詞曰

惟皇撫運奄壹寰宇千載膺期萬物斯覩功高大舜勤深伯禹絶後光前登三邁

五握機蹈矩乃聖乃神武克禍亂文懷遠人書契未紀開闢不臣冠冕并襲琛贄咸

陳大道無名上德不德玄功潛運幾深莫測鑿井而飲耕田而食靡謝天功安知帝

力上天之載無臭無聲萬類資始品物流形隨感變質應德效靈介焉如響赫赫明

明雜遝景福葳蕤繁祉雲氏龍宮龜圖鳳紀日含五色烏呈三趾頌不輟工筆無停

史上善降祥上智斯悦流謙潤下潺湲皎潔蓱旨醴甘冰凝鏡澈用之日新挹之無

竭道隨時泰慶與泉流我后夕惕雖休弗休居崇茅宇樂不般游黃屋非貴天下

爲憂人玩其華我取其實還淳反本代文以質居高思墜持滿戒溢念兹在兹永保

貞吉兼太子率更令勃海男臣歐陽詢奉勑書

世傳九成宮碑未見有不斷者是本亦已斷然出北宋拓之上細較字畫之完好榻字筆畫無缺真唐拓也

相國以此命余題識靜玩久之不覺移晷乃知其妙處全從右軍得來並參以隸法實為唐楷之冠昔高麗人求信本書得其片楮重若吉光當時已譽聞中外矧今日耶此冊世無二本

相國政事之餘留情文翰獲此神物信墨緣矣

錢大昕敬識

嘉慶壬申秋八月觀於灤陽別墅

榮郡王

舊山梅農鄧漢儀觀于廣陵之文選樓

余生平於著名碑帖如聖教禊敘廟堂九成諸本及碑洞石刻皆得遍觀即

御府所藏晉唐宋元人真蹟亦幸獲觀故能專志力學古人法書者幾十年曩曾借得秦氏所藏九成宮碑臨摹幾本已稱快幸茲復得見此唐拓至佳本鋒墨溫腴而字畫更有神采尤為海內唐人法書第一精品固當駕秦氏千金本而高之如此希世至寶雖以數千金購之亦

不易得也

甲辰暮春蔣衡書後

乾隆癸丑歲季秋朔後一日朱秀祥觀

長洲王元進楚中杜紹儒同觀

寧都魏禮拜閱

余生平所見醴泉銘無過元和顧子山之所藏本其敝斷二字尚無損壞出吳錫秦氏底本之上而有一病不知何人將斷缺之字以他處字補之及歸子山又重裝而去其所補之字竟各成一方空匡其遺憾也此外所見舊本大抵多補綴破損塗抹即如　陶公從前所得海豐查氏本王文敏所藏宋拓本與所藏吳門徐氏本同者今以對校之如高閣周建之閣周二字移山迴澗之迴字東越青丘之丘字重譯來王之王字遺身利物之物字櫛風沐雨之櫛字怡神養性之養字可作鑒於既往之於字頗不毀工之工字龜圖鳳紀之龜字彼本或缺或泐或描此本皆完全無損錢竹汀推為唐拓固未必然但銘詞前有鄧文原一印文原雖元人然為能書大家若非北宋罕見之本亦斷不肯收錄況先字不加圈亦非宋的證然則世所稱唐拓本非補搨即補綴以余所鑒當推此本為海內第一

信本書本以險峭稱於唐代觀張懷瓘書斷竇泉述書賦可以知其概矣後人不見真迹所得拓本失其鋒穎遂多以圓潤為本真不知真北宋本未有不峭拔者即如此碑元和顧氏本吳錫秦氏本皆鋒鋩畢露此本拓稍稍後而稜峭稍乏之字至海豐查氏本則圓渾多矣查氏本後於此本不知凡幾年安得謂後拓者勝前拓耶又如皇甫碑亦信本書豈得謂皇甫亦以圓潤為本相耶又如快雪堂所刻史事帖真如快劍斫陣矣惟不善學者以寒瘦出之遂為世詬病矣

宣統紀元三月楊守敬跋於金陵節署時年七十有二

此碑舊為吾師馮展雲中丞珍藏師歸真後癸巳余至廣州其文孫覃伯出視并詢所值未幾即為何蘧庵得以重值轉售伍氏壬寅秋余始購之伍氏吾師精楷題跋兩頁已不可見第一行下角吾師小印亦用墨塗去據夢樓跋知為經訓堂故物余平日所見宋拓以十數獨此本裝池得法紙墨完全無一字裁割無一畫填墨則冠絕諸本此碑自北宋以來金石裂紋三首行勅字至末行持字北宋時已有細痕此本纖毫未損而㣲字尚存炎景流金四字嶄然如新循字麗字因懷三字均一絲不裂此為唐拓確証攷古之士開視便悉無俟詳數也　吾所得嶽雪樓本在嶺南最著名有徐用錫汪士鋐翁方綱諸跋潘氏伍氏皆摹刻甚精然間有描填之字尚非完璧九成宮刻推錫山秦刻極精竟可奪真惜經亂石已不全向曾假拓百本此帖首行下馮師名印初次影照本尚明朗後雖塗去而殊色仍可見何氏既得此帖摘帖後數跋及馮師自題另配一宋拓本售與吳愙齋中丞得一千五百金中丞每出以誇客胡子英直牧向余言之頗詳及見此本始曉然曰蘧庵真狡獪也故此帖後跋語所存已無多余於覃伯處初見展師小楷題語精妙絕倫足為率更傳衣高弟今竟不得合并真大恨事綜計生平商城周氏項城袁氏中州毛氏福山王氏海山仙館潘氏新會梁氏所藏諸本均得入目而毛氏系北宋官拓煙墨迅掃本神氣最為渾厚當時亦最煊赫人口余僅從固始張劭予侍郎案頭一再見然清勁細潤鋒穎森然遠遜此本烟雲過眼人與物俱邈回頭似夢為之潸然　癸丑冬睫庵

此本相傳為前明內府所藏九紙之一亦金元內府故物康熙中宋牧仲得之始改裝成冊故紙墨完好如此此皆舊跋中所述馮覃伯曾舉以告予見惜為何氏割易已不可見嶽雪樓本尚有何義門吳荷屋孔少唐跋合之汪徐翁題共八段而汪何徐翁吳楷行皆精故粵人一再刻之雪樵本有何蝯叟蔡友石夏璞齋英湯雨生林少穆雪樵諸跋皆定為宋拓然字畫殘損處以此本較之彼拓應在二三百年後銘詞絕後。前。字殘損最早有誤作光字者此搨左掠右捺上勒下趯尚顯然可見確是承字牛氏本亦然證以承以后襴之承字分布悉同參合觀之則為承前無疑此亦攷古家所罕道也　癸丑冬奉　伯兄命題記景綏